U0069445

精簡扼要，給你**占星學**的嶄新理解

# 邏輯解析占星學

黃勝益｜著

# 前言

　　我僅僅只是一個平凡普通的人，但在虛渡了人生近五十載的過程，我也總是不時的會思考著，大自然存在著什麼樣的奧祕？人類存在著什麼樣的奧祕？大自然和人類存在著什麼樣的關聯？！並不是我愛幻想著自己是偉人、聖人，抑或妄想著成就非凡，但這一顆平凡的心，卻總是不受自己的控制，心想一個平凡的人，想知道自己存在的真相，不也只是一件很平常、實在的事嗎！然而從別人的眼中和社會的種種現象，我的所見所聞，也數次幾乎讓我放棄了對人生美麗、偉大的憧憬，難道大自然就只是無情地時間的流逝！

而人生只是無意義的生老病死！當然我並不甘心於這樣的答案，在人生的過程中，我確實見證了人類的完美，情感的偉大和生命的喜悦，更感受到靈魂深處的撲朔迷離，有時候累積數日的負情緒，卻因一曲音樂而釋懷，困惑數日無法解答的問題，卻因睡上一覺而恍然大悟，我總能感受到陽光的溫暖、微風的和熙，我總愛看大海的風平浪靜和波濤洶湧，那種感覺就好像是和自己身體的脈動融為一體，或許這就是一種和大自然的聯繫。

從小時候起，就有一個生活上的問題困惑著我，春夏秋冬、東南西北，為什麼人們總是喜歡這樣四分呢？一年以十二個月為週期、時鐘以十二小時為週期，為什麼是這樣分？為什麼要這樣分？當然這些疑問至今對我都還是疑問，但現

在的我卻另有所悟，正所謂山窮水盡疑無路，柳暗花明又一村，雖然我沒能解開它的答案，但我卻發現了它的運用，劃分或分類其實只是一種工具，它幫助我們了解，我們想進一步了解的事物，俗話說給我魚不如教我釣魚，這句話說得倒是入木三分。或許你也會和我一樣因此而有所悟，假如我們一生行善，或許我們無法因此修成正果，但我們卻會因此而看到很多正果。假如我們一生追求著問題的答案，或許我們終究無法解開這個問題的答案，但我們卻能發現很多其它問題的答案。

自從有人類以來，從來就沒有相同的二個人，可見人有無數種。但是我們還是可以，根據個人的認知程度來加以分類，以求自己能更加了解人類。我說人類其實就一種，不都是人類嗎？一切

就是這麼簡單，簡單就是一種幸福啊！但我們也可以把人類分為二種，那麼分成男人和女人，是一個不錯的分類，男人和女人一起生存在這個世界，這更是一種幸福啊。當然你也可以作不同的分類，只要你的分類符合邏輯、符合事實，而且符合你所要的目的。假如我們覺得這樣的幸福還不夠，還想更進一步的了解自己和別人，那麼就有必要再細分下去，占星學就是一個這樣的工具。

牛頓解開了地心引力，那當然需要非常精闢深奧的學問，也並不是一般人可以做得到。但牛頓發現了地心引力，卻是非常簡單的，只因為一顆蘋果從樹上掉了下來，打到了他的頭。其實大自然的邏輯，就簡單的存在於我們的生活當中，是我們都可以輕易地發現的。所謂平凡中的偉大，

邏輯解析 占星學

只要我們用心生活，我們就會發現人類的潛能無限，平凡中的邏輯，也一樣會是很高深的邏輯，比如說電腦的 0 與 1。也只有當我們用心生活，我們才能真正體會生命的意義，因為我們永遠是這個世界獨一無二的。假如說平凡實在的生活，即能讓人類得到幸福，那我們是否還有需要拼了命去惡性競爭？那豈不是反而葬送了幸福、葬送了人生！

占星學其實是一個邏輯，並不等同於天文科學，然而生活歸生活、科學歸科學。我個人覺得：是太陽繞著地球轉，還是地球繞著太陽轉，這對我的生活並不會有很大的影響，因為我每天的生活還是一樣，太陽早上從東方出來，下午從西方落下。也就是說：事實永遠是事實，我們能很明確的看到。但假如你很想了解事實的原理的

時候，那麼就需要尋求科學的途徑了。不過我們也不要忘了，科學還有一種叫相對運動的理論，倘若我們以相對運動的理論來看，那麼上述二者就是相同的結果了。現今的科學可說是日新月異、突飛猛進，說不定哪天科學界發現了什麼新的理論，那時占星學搖身一變卻成了一種科學，那可也說不定，畢竟這個世界是存在著無限可能的。

邏輯解析 占星學

contents

# 語言學

　　在進入主題之前，我們還必須先説説語言學。我們都知道語言的作用，主要為意思的表達，但它可能表達的是一種外在的現象，或內在的道理，當然還有一些是我們想表達，卻不知如何描述的困境。又因為人類的文化，所以語言也可能表達的，只是人的感覺、情感、藝術等等，甚至是所描述的相反意思，而不是描述的本身。所以古人云：盡信書不如無書；讀萬卷書行萬里路。之所以在這裡先談論語言，是因為語言的重要性，它關係著我們對描述的本身了解多少，有時我們會因為不察，反而因此被誤導，所以運用邏

輯的推敲就顯得特別重要。

　　比如說：當我說你很美時，你可能已經開始感到高興，然而我卻尚未作任何的描述呢？！當我開始作細節的描述，你反而不高興了，這當真是怪了？！難道是我不懂美嗎？還是人們總是喜歡自欺欺人呢！當然這是錯誤的，錯在我們硬把兩件事混為一談，所以它產生矛盾，甚至我們還因此得到另一個錯誤的結論，而越錯越深。為什麼說這是兩件事呢？我若換個方式說，就會變得很清楚了。「每個人都愛美，但每個人對美的定義不同」。所以，當我說你美時你能接受，所以你感到高興。但我對美的定義你不能接受，所以當我作細節描述的時候，我的描述並沒有符合你內心的認知，因為你已經定義了你是因為什麼而美的。所以不是我不懂得美，也不是人們喜歡自欺

欺人。

　又比方説：當我問你一千元是多是少？我想你大概會沈思個幾分鐘，然後説一大堆論點，去解釋、去證明你認為一千元是多是少。但我想説的是，不管你説是多還是少，它都是對的同時也都是錯的，因為問題本身就是錯的！「多少」是一個相對的論點，然而這個問題並未給予一個比較的物件，於是你會以你自己的價值觀去作比較，所以你所説的是對的、也是錯的。假如我問一千元和二千元哪個多哪個少，這樣是不是就很清楚了？這也就好比是一顆水果，我吃了一口，我説它好酸，這時你會以此訊息，在內心產生一個好酸的標準，但當你也吃一口，你卻發現它一點也不酸，這道理是一樣的。

　又比方説：西方極樂世界？常聽周遭的人提

邏輯解析占星學

到，希望死後能往生西方極樂世界。我真是頓時為他們心酸呢！古代的人們，因為科學不發達，所以太陽為其最大的生活指標。但人們不管在任何地方或詢問任何人，太陽總是從東方昇起，所以他們認為，人們居住的地方是為東方世界。但太陽總是西落，所以必然還有一個西方世界，又夕陽西下是金黃色的那麼美麗，所以西方世界被認為是佛的世界，他們甚至認為人經由修為可成為佛，這是所謂西方世界的意義。那極樂又該怎說呢？假如真要以極樂來加以說明，那倒不容易，因為時代背景和人文不同，但極樂的含意並不難意會，每個人總有快樂的時候，但被動而且短暫。他們認為人的快樂也是可以修為的，化被動為主動，若主動則能化短暫為永恆。換個方式說：快樂的種子存在每個人的身體，可以經由修

為達到極樂。是以佛教有很多的經書是教導修身養性、行善助人的道理，這是成佛的修為。佛教傳下了二大法門打坐和誦經，則是極樂種子的修為。南無阿彌陀佛則是一句口訣，用意在讓人平心靜氣，因為平心靜氣是一切修為的起點。

語言學為人類兩大顯性特徵之一，它複雜，它博大精深，也不是三言兩語可以述説，這二三例只是希望讀者，能重新審視語言的力量。

邏輯解析占星學

# 古代占星學

占星學的緣由，十二星座的日期如何劃分，又如何得知自己的命盤，這些基本的資料，我們就不在這裡多加解說，網際網路有很多詳細的資料可供查詢。首先我們來看看，古代的占星學家，對於十二星座的語言象徵和符號，所要傳達的意思，當然這只是我的解讀，後面我們會依據邏輯，來說明十二星座的意義。其次我必須先說明一點，在這裡我們是以邏輯為出發點，以口語化的方式來敘述，至於占星學的專有名詞，或是占星術的術語，其實我也沒特別去研究，這點是需要各位體諒的。

**牡羊座** 總是以全身的力量用頭去撞擊。

 **金牛座** 牛的特性，外加個金字，金子被視為最貴重的物質，故有貴氣和銅臭味的意思。

 **雙子座** 兩個對立的人。

 **巨蟹座** 對於喜愛的事物有一雙大螯緊緊夾住，遇到狀況則會躲在硬殼下。

 **獅子座** 森林之王。

**處女座** 表面不需要愛情，骨子裡卻渴望愛情。

 **天秤座** 一個平衡的工具，也可用來衡量所有的事物，實際上卻是暗示著，以天為秤，這世界就是一個天秤，凡事講求的是平衡。

**天蠍座** 對於喜愛的事物會緊緊夾住，遇到

邏輯解析 占星學

狀況當然毒針伺候，外加個天字，表示高高在上不居人下。

**射手座** 一生都在追逐，自認為是獵人手拿弓箭，但卻被人認為是獵物。

**魔羯座** 潛伏的攻擊者，外加個魔字，萬物皆有一體兩面，有善有惡、有光明有黑暗，所以有魔字我並不覺得意外，魔羯座有一個很大的天賦，古代的占星學家認為是惡魔才有的天賦，當然好和壞只是文化的認定，並非大自然的定律。

**水瓶座** 自滿，一個裝滿水的瓶子再也裝不進任何東西，唯有先把水倒掉。

**雙魚座** 嚮往如魚得水，但卻身不由己，兩條魚尾部相連頭部向外，暗示著心碎。

# 占星學的邏輯

　　什麼是邏輯，我並無法給你很專業的回答，因為我也沒有很好的學問，不過拜網際網路的發達，你若有興趣也應該能很輕易的得到答案。但是在這裡我也同樣以簡單的、生活化的方式來加以說明：倘若有多個看似相異的事實，而它們之間卻有共通的基本原則，那麼這個基本原則就是它們的邏輯，另一方面，我們也可依此邏輯推算出更多其它的事實。

　　我們的太陽系，為九大行星以太陽為焦點，作橢圓形軌道運轉。九大行星以太陽為中心，由內往外分別為水星、金星、地球、火星、木星、土

星、天王星、海王星、冥王星，而月亮則為地球的衛星，而地球則是我們生存的地方。太陽系存在著二個基本的原理：力學和功學。力學來自太陽系的磁場，磁場分正負；功學來自太陽的光，又光分陰陽。力學和功學交互作用，就成了所謂的四分法＋＋、＋－、－＋、－－。所以地球有了四季、人有了四種血型，那是因為太陽系存在的力學和功學的作用。而占星學就是依據這個邏輯，將人類區分為火、風、水、土四象。又依太陽系的黃道帶，區分為十二星座，十二星座依序為牡羊座、金牛座、雙子座、巨蟹座、獅子座、處女座、天秤座、天蠍座、射手座、魔羯座、水瓶座、雙魚座。而一年區分為十二個月就更具體了，因為我們一年共可看到十二次月圓。也就是說，了解太陽系的力學功學變化，就能了解地

球和生物的變化；同樣地，了解地球和生物的變化，就能了解太陽系的力學功學變化。

　為什麼磁場會影響人類？假如真是這樣，地球的地心引力不是更大，為什麼占星學沒有地球的位置。

　我們用個簡單的假設來說明，磁場何以會影響人類。假設人有三條神經A、B、C，當人出生時，磁場強化了A神經，那麼當我們接收到任何的訊息時，必然A神經會先作出生物反應，所謂用進廢退，慢慢地我們長大了，A神經也因為成長而更加活躍，也正是因為我們一直都是，以A神經來反應所接收的訊息，所以我們自然成為A神經類型的人。當然我們並沒有被限制為A神經類型的人，我們仍然具有B和C神經，只不過一般情況下，我們會自然而然地以A神經來做

邏輯解析 占星學

反應，正所謂三思而後行，當我們做深度的思考時，我們往往會意外的發現，身體似乎存在著某種未被發揮的潛能。這完全是因為生物特性的關係，生物是一個接受體和反應體，而磁場只是生物能從本質接收的一個訊號而已。這也就好比是，假如我們的身體有一個小傷口，從造成傷口的那一刻起，你會發現你的生物反應也跟著同時啟動。當然我們這樣描述的用意，在於簡單明瞭，我們把力學和功學獨立出來，分開作簡單的描述，而實際上力學和功學是結合在一起、協力運作的。

我們一般說一個人的星座，說的只是太陽星座，也就是一個人出生時，太陽所在的方位，所對應十二星座的位置。所謂的太陽星座，即是以太陽的特性作為象徵，代表的意義是能量的產

生。也就是説，不管你喜不喜歡、願不願意、有意識或無意識，你的身體都會根據你的太陽星座，作能量的運轉，所以太陽星座是你最大的特性。不過這可不是我們所熟知的生物時鐘，生物時鐘是生物生命的基本運作和能量，而這裡所説的太陽星座，是生物應付和反應外界訊息的能量。當然這又和生物的基本特性有所關聯，其實每個人的生物特性本來都一樣的，人的出生可比作一張白紙，而大自然在每個人的白紙，劃上了不同的骨架，自己則可以在後天，劃上你想劃上的細節，但這個大自然所劃上的骨架，將一直影響著你。這也讓我們意識到所謂的優生學，所謂的先天和後天。所謂江山易改本性難移，因為人類尚不知道如何改變，太陽星座的自發性的能量運轉。

邏輯解析 占星學

那為什麼地球反而沒有影響人類呢？其實影響最大的是地球，但因地心引力是不間斷，不因人而異的，是以有則生、無則亡，已沒其它差異可供探討。你可能會認為我說的不夠深入，的確，因為我們的目的是簡單明瞭，在這裡我們不需多作無謂的深入描述，因為這不是科學研究，只是讓你了解一個觀念而已。其實科學界很早以前就研究出理論了，所以生物學才能繼續發展進步，只不過這或許並不是科學界的主要目標，所以科學界忽略了或漠視了。然而在這裡我們所講的只是邏輯，所以我必須刻意迴避科學的說法，以避免不必要的關聯。請切記，我們這裡所講的占星學，只是一種邏輯的分類法，而且是偏向於生活方面的，並不是科學。另一方面我們也可這樣說，地球上的生物是基於地心引力為基礎，太陽

系對地球的影響也等同於對生物的影響。我們常說井底之蛙，假使這隻蛙從不出井，那這隻蛙的世界是井、是地球、還是太陽系！

邏輯解析 占星學

# 天賦

　　我們要了解一件事的本質，必須先對它給予正確的定義，倘若定義錯了，那可是失之毫釐、差之千里，就像前面說的西方極樂世界，它可是要我們此生活得有尊嚴、活得快樂，而不是死後的去處。那天賦的定義是什麼呢？把天賦定義低了，那可是浪費了天賦，把天賦定義高了，那反而誤人誤己了。蘋果是一顆很普通的水果，但我們若要真正看清一顆蘋果，首先我們要有許多不同的視角，我們還需要把它切開，才能知道內部的一切。所以要解說所謂的天賦，其實並不容易解說，最好的方式，還是自己的用心，加上

參考別人的見解，當然最重要的還是自己的認知程度。當然在這裡我也試著用我的角度來解說一下。

　　比如說一幅畫，只要眼睛正常的人，都能一樣看到這幅畫的所有訊息，這就是所謂眼睛的認知。但是一個人，並無法全部接收和處理這麼多的訊息，你若有顏色方面的天賦，那你對顏色的訊息，會接收的比別人多也處理得多。你若有情感方面的天賦，那麼你接收和處理有關情感的訊息，就會比別人多。你若有記憶的天賦，那你接收的訊息將最多，但你卻無法即時處理訊息。倘若我們換了另外一幅畫，那結果也還是一樣的，倘若我們把世界比喻為一幅畫，那道理就更明顯了。所謂的天賦，主要功用為接收訊息和處理訊息，所以我會這樣定義天賦：若你有A的天

賦，那麼你學習Ａ方面會事半功倍；若你沒Ａ的天賦，那麼你學習Ａ方面會事倍功半。所以人類最重要的條件是學習，而天賦只是一種強化的能力。所謂靠山吃山、靠海吃海，相同的人、相同的天賦，但在不同的環境，我們的學習也就會是不同的。可能有些事我們會誤認為，我們並未學習就會了，但我們若仔細想想，其實那可能是小時候學習而來的，只是我們並不知道罷了。我們也常會犯了一個很嚴重的錯誤，那就是把小時候的學習，誤認為是與生俱來的天性，但其實小時候的學習，只是基本的學習而已，而且也有很大的可能，是一種錯誤的學習，所以長大以後，更應該重新的檢視自己，作更正確的學習，千萬千萬不要只把小時候的學習，套用你的一生啊！而且我還想再強調一件事，那就是任何事都可看作

是一種學習，吃喝拉撒睡可不只是簡單的人生五常。當然快樂也是需要學習的，否則你將會身在福中不知福了。所謂的極樂世界，它竟然是真的，這樣不知道有沒有出乎你的意料之外；這樣不知道有沒有讓你，對古代的人們多了幾分的敬佩。

邏輯解析 占星學

# 十二星座的相互關係

　　分類其實是人生中一個簡單實用的概念，並且很常被人們拿來使用，譬如水果的大小、品相的分類，譬如家裡物品、工具的分類，譬如化學元素表的分類，但分類的概念，可不僅僅只是這種固定的相對的比較，它也可以是動態的，這點是一般人所忽略的概念。例如益智的積木，我想大家都應該了解積木的玩法，就是拼湊出自己所想的東西，它可簡單的拼出三角形、正方形、長方形等等。但當我們把它拼成三角形時，你會說積木就只是三角形嗎？當然不會，因為它也可拼作正方形。當我們把它拼成正方形時，你會說積木

就只是正方形嗎？當然不會，因為它也可拼作長
方形。這就是一種動態的分類法，也就是說，我
們是先把積木歸類為三角形、正方形、長方形，
然後我們再把積木拼為三角形、正方形、長方
形。這正是我所要說的重點，積木它倒底是一個
什麼樣的東西呢？！它並沒有一個固定的形態，
所以我們也不能用某一個形態來定義它；它也可
以是任何的形態，所以我們也可用任何形態來定
義它，而這也正是積木益智的精髓所在。現在我
們假設你並不識得五角形，但有天你卻無意間拼
出了五角形，這時別人會說，唷那是五角形耶，
但你可能會回說，見鬼了哦，哪有什麼五角形，
我還沒拼好而已啦。

　　十二星座有多種相互的關係，我們都先以表格
來呈現會更容易解說。

邏輯解析 占星學

# 四象

| 顯性 | | 隱性 | |
|---|---|---|---|
| 顯性 | 隱性 | 顯性 | 隱性 |
| 火象星座 | 風象星座 | 水象星座 | 土象星座 |
| 行動力 | 語言能力 | 肢體語言 | 反擊力 |

　　火象星座為牡羊座、獅子座、射手座。

　　風象星座為雙子座、天秤座、水瓶座。

　　水象星座為巨蟹座、天蠍座、雙魚座。

　　土象星座為金牛座、處女座、魔羯座。

生物學所謂的顯性，表示外顯，也就是說特徵會被表現出來的特性，也就是所謂眼睛的認知。因此我們的眼睛只能看到顯性的訊息，至於隱性的訊息，那就要結合其它的能力才能「看」得出來。

　　火象星座為雙顯性，力學功學會表現出來，強化的是行動力。也就是說，當火象星座的人接收到訊息時，身體的能量會往行動力的機制運作，所以它會以行動力來反應所接收的訊息，而且也只有行動力，可以讓火象星座的人，得到良好的生物回饋，而生物回饋也是很關鍵的因素。而風象星座、水象星座和土象星座，也是同樣的邏輯。火象星座為雙顯性，顯性特性其實沒什麼好再解釋，因為我們眼睛看到的也就是它的意思，所以火象星座的特性就是直接，就是身體力行。曾經在偶然的情況下，聽

到這樣一句台語版的對話：不可出聲、牙齒緊咬著、微微地笑。我差點當場噴飯，很顯然地他是在描述微笑，但對我而言，微笑僅僅是嘴角上揚，至於是否咬著牙齒、是否出聲，那是身體當時的自然反應，不過我發誓我絕不曾用力咬著牙齒。很顯然地他是個火象星座的人，雖然只是一句逗趣的話，不過我倒是很佩服他的描述，他應該很了解屬於他眼中的世界。這也不免讓我在心中產生一個很無厘頭的想法，假如我說：我只要蹲在正確的地方，放鬆排出口，靠著腸子的蠕動和地心引力，就完成了我的每日一善。我想這樣他應該也會當場噴飯，我這樣算不算說髒話不帶髒字，我知道說這些很不恰當，不過我的目的是想說，雖然只是一個看似平常的小動作，但每個星座的解讀也是大不同的。

　　風象星座為顯性，但相對火象星座為隱性，特

徵也會表現出來但不能為行動力，我們稱之為語言能力。由此我們也可知道，人類的兩大顯性特性為行動力和語言能力。古人云：知難行易、知易行難，就是這個道理，因為行動和語言是兩個獨立的特性。你若有行動力，那你會用做的，來獲得自己和別人的肯定。你若有語言能力，那你會運用原理、理論，讓自己或做的人更輕鬆、更有效率。所以風象星座和火象星座，有些許對立和互補的作用。風象星座因為需要運用思考，所以風象星座也會是比較聰明的。換句話說，風象星座為力學顯性作用在語言，功學隱性則作用在頭腦。

水象星座為隱性，不能有行動力也不能有語言能力，但水象星座相對於土象星座為顯性，顯性特性又只有行動力和語言力，這當真非常的矛盾啊！

邏輯解析 占星學

由此我們也得到一個啟示，矛盾並不相等於錯誤，可能只是我們尚不了它的原因罷了。大自然其實是非常巧妙的，行動力加語言能力再弱化，就成了水象星座的特性，我們就叫它肢體語言。所謂肢體語言，就是其行為隱含著語言的傳達，其語言則隱含著行動的暗示，而且是同時交互參雜著。所以水象星座是較複雜的星座，因為它同時具有行動力和語言能力，也因為水象星座的這個特性，所以水象星座被譽為最善解人意，因為它能雙向溝通。水象星座同時也是較柔性的星座，因為它是被弱化的星座。換句話說，水象星座為功學顯性作用在肢體語言，力學隱性是謂求諸自己，故而水象星座會有潛藏的自虐傾向，當它感到身心乏力時，會有所謂的一哭二鬧三上吊。

土象星座為雙隱性，也就是說沒有行動力和

語言能力，所謂打不還手、罵不還口，默默耕耘，這就是一般土象星座的特性。土象星座力學功學均為隱性，其特性就是所謂的自律、自省、求諸自己，故而會有潛藏的被虐傾向，打不還手罵不還口、把吃苦當作吃補、逆來順送，不過這只是一種特性的概念描述，倒不是真的喜歡行為上的被虐。如此這般那麼土象星座不就沒什麼天賦了，那還真是悲哉哀哉。其實不然，大自然講求的是平衡，土象星座的特性我們就叫它為反擊力。說到反擊力，一般人或許會有頓悟的感覺，原來如此、此如來原，那就是土象星座之所以忍耐、忍讓、爆發的現象，不過我們可不要自認為領悟的太快了，很可惜的是那可是一種誤解，之所以會有這樣的現象，當然也是因為土象星座，自己對身體反應的誤解，忍耐、忍讓是土象星座

雙隱性的緣故，爆發則是一種失控，所以這可不是所謂的反擊力。

　　接下來，我們以循序漸進的方式，來說明土象星座的反擊力。大自然講求的是平衡，不會讓行動力或語言能力一枝獨秀，是以必有一功平衡之。金牛座反擊的是火象星座，處女座反擊的是風象星座，魔羯座反擊的是水象星座，由此更可得見大自然的巧妙。處女座為土象星座，本不該有語言能力，然而處女座的挑剔，針針見血、口若懸河的語言能力，卻是有目共睹的，這正是因為它反擊風象星座的特性，也因此，處女座的語言獨幟一格，和風象星座的語言有很大的差異。又因為風象星座是多變的且聰明的，所以處女座也必定是非常聰明的。土象星座既然強化的是反擊力，那表示大自然必定賦於更強大的天賦，否

則何來反擊之能力。金牛座的表面特徵像牛，溫順、老實、遲鈍，一般人會認為金牛座好欺，而現實看起來也真是如此，但那是因為金牛座喜歡安逸詳和，不喜歡反擊別人，然而金牛座的天賦卻是真正強大的。不過和其它的星座不同的是，顯性的天賦容易啟動，隱性的天賦則不易被啟動。土象星座強化的是反擊力，反擊力也讓土象星座，在逆境中多了一分生存的力量。而反擊力的附加隱性天賦，我們稱它為弱點偵測，「弱點偵測」，光看字面的意義，就應該了解它的強大了吧，金牛座總是喜歡靜靜的看著別人，因為它從觀察別人的行為舉動，就能得到別人無法了解的訊息，這是所有星座所不及的地方，也因此金牛座都會有一雙小而深邃的眼睛，試想，一張祥和木訥的臉，長著一雙炯炯有神的眼睛，那麼這

邏輯解析占星學

雙眼睛就顯得特別有神了。而一般我們卻只會看到處女座的分析能力，那是因為處女座反擊風象星座，語言本來就是分析能力最好的表現方式，而處女座又是土象星座裡最聰明的。又處女座被冠上所謂的完美主義者，也是因為這原因，因為處女座總能發現瑕疵的所在，又總愛把瑕疵講出來，因為它特別擅長偵錯，又特別喜歡偵錯。然而魔羯座的分析能力並不輸給處女座，因為魔羯座反擊水象星座，而水象星座是同時具有行動力和語言能力的。但分析能力，也僅僅只是弱點偵測的一小部分力量，弱點偵測是最強大的天賦，但我們前面也說了，大自然講求的是一個平衡，也不會讓弱點偵測一枝獨秀，於是大自然讓最強大的天賦，成為最隱性的天賦。

這樣的結果其實是很明顯的，也很容易了解

的，磁場是不受任何物質所阻撓的，它只能一邊為正另一邊為負，它是絕對的正負，而光學是相對的，任何一個物體它的向光面是為陽，背光面是為陰，所以可有數個陰陽。簡單地說，磁場把人類分成了正負兩種，那就是火象星座和土象星座，而光學又把火象星座分成了陰陽而成了風象星座，且把土象星座分成了陰陽而成了水象星座。其實每個大自然的邏輯，都含有很遠大的意義，因為那都是大自然，經過很長很長時間的千錘百鍊。是故每個星座的天賦，也都具有很深奧的特性，因為那都是大自然所賦予的。在這裡我也不便一一作解釋了，同時我也沒那麼強的能力，所以本書主要講的只是它的邏輯，但希望各位能自己深入剖析。

邏輯解析占星學

# 直角和對宮

一個人的眼睛能看到所有的東西，但一個人看到的是什麼東西，這也從每個人不同的天賦而有了差別，因為那是一個人經由顯性訊息加上隱性訊息所得的結論。所以不同的人，對相同的東西卻有著不同的看法，其原因正是因為我們所加入的隱性訊息不同。

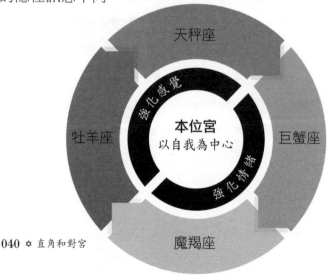

天秤座

牡羊座

巨蟹座

強化感覺

**本位宮**
以自我為中心

強化情緒

魔羯座

所謂直角和對宮即是90、180、270度角的關係，也就是一個圓的上下左右、東南西北。以上表為例，牡羊座和天秤座互為對宮，巨蟹座和魔羯座互為對宮。牡羊座、天秤座和巨蟹座、魔羯座互為直角。它的意義，我們以一顆球來加以說明。牡羊座和天秤座可看到球的同一面，而它們知道球還有另一面，但它們卻看不到，而巨蟹座和魔羯座則看到它們看不到的那另一面，這也一樣是顯性和隱性的關係，不過這裡是互為相對的顯性和隱性。牡羊座和天秤座雖然看到的是同一個面，但它們所持的觀點卻不同，假如牡羊座認為表面是對的，那天秤座會認為內在才是對的，這是固定的顯性和隱性的關係。我們也舉一個簡單的例子來加以說明，這個例子有點異想天開，不過卻很能表現它們的相對關係。假設有獅

邏輯解析 占星學

子座、水瓶座、天蠍座、金牛座同住一屋簷下，我們且來看看這四個星座各懷什麼樣的鬼胎。獅子座：這天氣好熱，我去砍些大樹回來乘涼。水瓶座：這天氣有些小熱，我來去樹下乘涼。天蠍座：這天氣有些小涼，我去多加件衣服。金牛座：這天氣有些涼，我來做做伏地挺身。獅子座不是笨，而是它總想著也要照顧別人，不過這其實也真是一種笨。金牛座不是呆，這就是一種求諸自己，不過這其實也真是一種呆。

**牡羊座**為火象星座能量來得很快，又強化的是感覺，感覺也來得很快而且是不經思考的，又以自我為中心，所以牡羊座是最衝動的且熱情的。不過牡羊座所有來得快的特性卻去得也快，它的衝動和熱情只是能量的釋放而已，事後的牡

羊座因能量和感覺不同了，也就變成完全不同的人了。牡羊座強化行動力，強化感覺且為顯性，又以自我為中心，所以一旦自己有了感覺，就會馬上以行動表現出來，但感覺並無一個判定的標準，牡羊座為讓自己的感覺有正確的表達，所以後天的價值觀對牡羊座是很重要的，它給牡羊座的感覺一個可判定的標準，一旦感覺和價值觀結合，那就很難再改變了。如果牡羊座把感覺和正義結合在一起，那牡羊座一輩子都會為正義勇往直前，當然牡羊座會在意正義，但它更在意的是自己的感覺被肯定，感覺被肯定才是牡羊座生命的喜悅。牡羊座自己或外人，都無法改變牡羊座已經綁定的感覺，唯有調整它的定義，比如說調整正義的定義，那是唯一可以改變牡羊座的方法。同樣地第一眼的印象，對牡羊座來說也是很

重要的，因為它將和牡羊座的感覺作結合，又因為感覺是不受理智控制的，一旦理智那就不叫感覺了，叫理智不是嗎，所以牡羊座也最容易有所謂的一見鍾情。一般人會認為，大腦是唯一接收訊息和處理訊息的地方，但我想說的是，大腦的功用，主要是接收訊息和處理訊息，但卻不一定是一個人接收和處理訊息最強的地方，以牡羊座來說，感覺所接收的訊息和處理的訊息，比大腦來得快又正確，關於這點，我們從其它的生物身上就不難看出，有些生物頭的比例很大，有些生物頭的比例很小。其實從上表我們也可大概看出本位宮、固定宮、變動宮，主要的接收和處理訊息的不同了。但我們也不要因此而誤會了，以為感覺是最強的能力，感覺能很迅速的反應訊息給牡羊座，但反應的卻只是對牡羊座最有用的訊

息，而不是一種完整的訊息，譬如我們假設感覺反應了你高興或不高興的訊息，而且這是牡羊座最想知道的，但感覺並沒反應出其它的訊息，而牡羊座其實也不想知道其它的訊息，這是一種很完美的緊密關係。我們說了牡羊座是最衝動的，不知你是否注意到了，我們用的描述是最衝動的，這也就是說，衝動是每個星座都有的特性，只不過是程度的差別，和顯性隱性的不同。我們也用一個簡單的例子來說明，假設有甲乙兩人各帶了一些鞭炮，甲被告知：你要沿路放、一路放到家，因為這樣才有意義，這樣才熱鬧有趣、生氣勃勃。而乙則被告知：你沿路要儘量少放，到家再一起放，因為這樣才有意義，這樣才夠震撼、才有效果。這也是一種顯性和隱性的差異，而沿路施放多少就是程度的差別。因此我們若以

邏輯解析 占星學

另一觀點來看，我們可以這樣說，顯性特性，希望它每一次的作為，都有它相對應的作用。隱性特性，希望它在意的那一次作為，是最特別、最有效用的。而這樣的現象就是所謂的作功，是人類對生物的力學功學的解讀。又人類的作功總是一種複合式的概念，而不是單一特性，好比說舉重，我們可簡單的看作是舉起和承重，舉起是牡羊座最強，但承重卻是魔羯座最強，所以我們是不能以單一特性來論斷的。

LIBRA

**天秤座**強化語言能力，強化感覺且為隱性，所以天秤座會把自己的感覺隱藏起來。天秤座以言語試探你的心，甚至困惑你的心，為的就是不讓人知道它內心的感覺。因為不能說實話，不能說自己的感覺，所以天秤座只能

説些技巧性的言語，這也使得天秤座的語言應用能力最好，它可以憑藉著語言技巧把人收得服服貼貼，它可以憑藉著語言技巧把人耍得團團轉，它可以憑藉著語言技巧把黑的都説得變成白的，你也明明知道是黑的，但你還是會佩服天秤座，因為它説服了你了，你願意把黑的就當成白的。假如你要以事實或真假來評判天秤座的語言，那你會活活氣死，但假如你以藝術的觀點來看天秤座的語言，你會發現它可是極品啊，你也會領悟到一點，那就是不一定要凡事求事實、求真假，因為人生其實本來就充滿了真真假假，有些是你知道的，有些則是你不知道的，甚至是你無法了解、無法分辨的。但也因為天秤座隱藏自己感覺的特性，使得天秤座有相識滿天下，知心無幾人的感慨。天秤座強化感覺，表示它也可輕

邏輯解析占星學

易體會別人的感覺，又因天秤座強化語言能力，又隱藏自己的感覺，所以天秤座被認為是一個良好的調解星座，更是可想而知。天秤座強化感覺且為隱性，又以自我為中心，表示有感覺會讓天秤座覺得有生命的喜悅，但若感覺太過強烈，則天秤座很難把它壓制下來，所以會迴避，但若無感覺那就沒了生命的喜悅了，所以天秤座會尋求自己的平衡點，努力得維持這個平衡點，所謂忽冷忽熱、若即若離原因就在此。而別人的感覺，同樣也會觸動天秤座的感覺，是以天秤座一輩子都在持續平衡自己和別人的感覺，永遠無法放鬆自己，這也讓天秤座擁有一種獨特的平衡氣質，這正是天秤座最大的魅力所在。我們說了，有感覺才能使得天秤座有生命的喜悅，是以天秤座最希望自己內心的感覺，能像平靜的大海一樣，沒

有波濤洶湧，但卻有一些小小的波紋，一波又一波的永不停止，天秤座要平衡自己的感覺，那可是需要有效的方法的，啟承轉合會是很好的方法，我想你大概已經看出來了，沒錯，音樂絕對是天秤座發明的，因為那正是天秤座內心感覺的寫照。天秤座一生都在平衡自己和別人的感覺永不得放鬆，這樣這裡修修那裡修修，自己的人生是那麼的不真實，但在別人的眼裡卻又是很美好的，那是什麼樣的人生啊，我想你大概又已經看出來了，沒錯，藝術絕對是天秤座發明的，天秤座也只能無奈地，把自己的人生當作是一種藝術。所以，一個懂得平衡自己內心感覺的天秤座，也一定會有很高的藝術天份。有些人或許會認為天秤座是公平的象徵，不過所謂的公平，其實是平衡的視覺假象，試想，大自然並沒有所謂

邏輯解析 占星學

的公平,那天秤座如何就能扮演公平的角色呢,那豈不是比神更神了。

CANCER

**巨蟹座**為水象星座,水象星座本就是較複雜的星座,巨蟹座又強化情緒且為顯性,情緒也是很複雜的生物特性,巨蟹座又以自我為中心,所以巨蟹座喜怒哀樂無常,而且變化很快,你可能還不知它為何發笑,結果就看到它轉為生氣了。一般人高興是一股高興的能量,生氣又是另一股生氣的能量,所以是不共通的,當一個人體內有高興和生氣兩股能量時,也只會擇一表現。但巨蟹座的喜怒哀樂卻是同一股能量,那就叫情緒,喜怒哀樂都可以是這股能量的表現,當然也就可以在喜怒哀樂裡作切換了。情緒和感覺一樣並無判定的標準,因此巨蟹座很需要一個可供

它判定的依靠，所以巨蟹座從小時候起依賴性就很重的，而一旦有了判定依靠的對象時，巨蟹座就會緊緊的夾住對方、黏住對方，因為它的情緒已和對方綁定。這個地方不知道各位是否會有個疑問，既然說情緒和感覺一樣需要綁定，為什麼牡羊座的感覺要和價值觀綁定，而巨蟹座的情緒卻又不是！當然這就是顯性和隱性的不同啊，火象星座為雙顯性，它的表現就是要讓全世界都能看得到的，是想要讓全世界都能肯定的，簡單說就是不分對象的；而水象星座是隱性，它的表現只是要讓特定對象看到的，只是要讓特定對象肯定的，倘若在大庭廣眾之下，那麼它的表現就是很明顯的隱性了。巨蟹座的記憶力是最好的，因為這些情緒判定的結果並沒邏輯只能記憶，也因為是記憶的關係，所以巨蟹座是最念舊的，小時

候的記憶在巨蟹座的心裡永不磨滅，數十年的舊記憶，巨蟹座可讓它彷彿歷史重演一般的重現。回憶是巨蟹座一半的人生，從小到大的經驗是巨蟹座一半的價值觀，巨蟹座若從小得到父母良好的照顧，那它長大後也會是一個很好的父母，因為照顧小孩的同時，它小時候的回憶也會湧上心頭。巨蟹座很喜歡拿它的回憶來分享、來說事，讓人覺得好像很享受、在炫耀，不過你可千萬不要主動去挖掘它的回憶，因為那都是它精心打包好的東西，並且它並不想對那些回憶再加入任何東西，回憶對巨蟹座來說是很神聖的，那就是這些過去，是真真實實的還活在巨蟹座的心裡。巨蟹座產生的能量叫情緒，假如這能量尚未作過判定，而巨蟹座當下又不知如何判定，那時能量可能就會同時跑向高興和生氣，那你就會看到巨蟹

座，好像一半在高興一半在生氣，那種尷尬怪異的表情，當然這也表示，巨蟹座的身體會產生不好的生物回饋，所以巨蟹座是害怕陌生的、是內向的。

**魔羯座**同樣強化的是情緒但為隱性，所以會隱藏自己的情緒變化，所以魔羯座喜怒不形於色。自己內心的情緒變化不能直接表現出來，那只有藉助於外界的人、事、物了。比方說：假如魔羯座心裡生氣想罵你，但它卻不該表現出來，於是它藉由打小報告，讓別人來罵你，這樣就達到它罵你的目的。一般人或許直覺得以為打小報告是不好的，其實卻也不盡然，這也是一種婉轉，這也是一種體貼，因為這避免了兩人的直接衝突，所以好與不好全看魔羯座的出

邏輯解析**占星學**

發點。我們剛剛也說了，情緒並無一個可供判定的標準，但魔羯座為隱性並不會把它表現出來，所以也就無需可讓別人肯定的判定標準，於是魔羯座會有自己認定的判定標準，因為魔羯座也是以自我為中心，所以那標準一般會是自己的利益或權勢，對自己最有利的、最有用的條件。魔羯座為土象星座，而土象星座的一般特性為踏實、實際、耐力、毅力等等，也就是所謂的自律、自省、求諸自己，又因為沒有顯性特性，所以也最無趣、不好溝通，而魔羯座是土象特性之最，因為它反擊的是水象星座。魔羯座的天賦主要強化在後天的生存，這點是和其它星座不同的，關於這點我們後面會加以說明，所以魔羯座都會有很紮實的骨幹，肯做實做、刻苦耐勞的意志力，而它最擅長的是，運用後天的資源和發揮人體的極

限，所以就算在最違逆的環境中，它也能熬得過來，所以成長期的魔羯座是很辛苦的。所謂運用後天的資源，一般人會認為這只是一個很普通的現象啊，每個人也都會運用後天的資源。不過這當然只是一般人的認知，一般人會隨意的、錯誤的、粗淺的運用後天的資源，譬如沒有發揮該資源的功用，這就造成浪費了該資源，或是過度使用了該資源，那就會讓人嗤之以鼻，而魔羯座對它的定義是特別敏銳的，因為它的天賦本就是強化在後天的生存，也就是說後天的一切才是它的盟友，後天的資源才是它的資源，所以只有魔羯座才能真正的了解，什麼是運用後天的資源。

　　從本位宮的關係，我們也可看出一個現象，牡羊座和天秤座是顯性的，但感覺卻是一種隱性；巨蟹座和魔羯座是隱性的，但情緒卻是一種顯性，

邏輯解析占星學

這正是生物界的一種生存之道。試想，假如生物的所有武器、所有能力都是顯性的，那它的生存就會是充滿了挑戰，所謂的道高一尺魔高一丈，所謂的黔驢技窮。但假如都是隱性的，那也會招來殺身之禍的機率，所以生物界有些生物，是以一些顯性的特徵，來告誡其它的生物，或欺騙、迷惑其它的生物。從這個特性我們也可知道，感覺是一種很強的隱性能力，而情緒則是一種顯性的虛張聲勢，但這種虛張聲勢卻能命中人類的要害，而魔羯座的外顯特徵即是嚴肅、健壯。

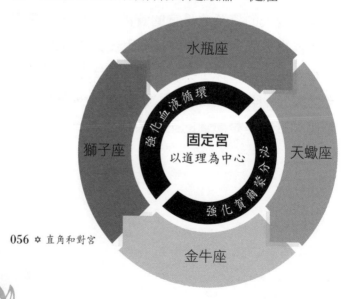

**獅子座**強化血液循環，強化血液循環是生物最好的天賦，獅子座是顯性，能量外顯，獅子座的守護星被定義為太陽，象徵的是持續而穩定的發光，這正印證了強化血液循環的特性，持續而穩定的產生能量，是以獅子座有王者的外型和王者的風範，有好似用不完的精力。獅子座強化行動力，以道理為中心，當別人都尊它為王，它會想以自己的行動去證明。但當它找牡羊座比，牡羊座當然以自己的專長跟它比角力，獅子座輸了。當它找射手座比，射手座必然也以自己的專長跟它比賽跑，獅子座又輸了。當它找金牛座比，那更是它的椎心之痛，明明一切看起來都像是勝券在握，但結果卻是輸了，輸得它一臉茫然、不知所以。於是獅子座不再自信

057

邏輯解析**占星學**

自己是王了，也不再相信別人是真心的尊它為王。可別人還是一樣尊它為王啊，而獅子座會覺得被人尊為王其實就像是它的使命，就算是將錯就錯也罷了，於是形成了獅子座喜歡做做表面，因為它認為別人也只是作作表面尊它為王罷了。其實獅子座卻是實實在在的十二星座之王，只不過這個王跟它想的不同罷了，十二星座各有不同的天賦，甚至還有相生相剋，並不是王就能勝過一切。獅子座的所作所為，獅子座本身都會有所謂的暗地裡較勁的傾向，這是獅子座領導統御的雛型，所謂知己知彼。而獅子座的挫折，對獅子座來說卻也有很好的作用，那就是讓獅子座勇敢面對現實、接受事實。一個人若能勇敢面對現實、接受事實，那麼挫折不再只是挫折，而是一種助力，所謂失敗為成功之母，就是這個道理。

然而現實的情況是，獅子座更容易淪為自以為是的自大，獅子座有王者的天賦，加以別人又尊它為王，所以獅子座會自以為是的，認為自己最強，當然這部分倒是很接近真相，又因以道理為中心，所以獅子座會自以為是的，認為自己的想法最正確，基於這兩個因素的結合，使得獅子座十足的自大、自以為是，但它萬萬沒想到，推動這個世界運轉的卻不只是道理，而它的自以為是又恰恰最不合道理。我們說了獅子座是實實在在的十二星座之王，所以獅子座的顯性特徵就是王，倘若要了解獅子座，那就必須先了解什麼是王。簡單的講，王就是要有相對臣服的人，而王的價值則在於臣服的人多寡，所以必定要有其它人這是最基本的一點，故而獅子座孤單時就像是一隻沒有靈魂的布偶，又現今人類的文化，對王

邏輯解析占星學

的詮釋是有些偉大和傳奇式的色彩存在，這也就是為什麼獅子座會讓人覺得總是愛面子、總是愛作秀，其實它並不是為了面子而愛面子，而是因為王的定義而愛面子，當然也是為了王的定義而愛作秀。我們說了要了解一件事的本質，我們必須先給予正確的定義，只有當你行得正時，你才能了解問題之所在，當你真正了解問題之所在，你才能了解問題的答案。

ACUARIO AQUARIUS

**水瓶座**同樣強化血液循環但為隱性，能量內斂，不同於獅子座王的外型，水瓶座是美男子，有很好的皮膚，有很好的線條，有一張青春不易老化的娃娃臉。水瓶座同樣具有王的天賦，但它是隱性，它不會去找人比，它不會有獅子座的挫折，所以水瓶座一直保有王的優越

感，這反而造成了水瓶座的容易自滿，一個裝滿水的瓶子就再也裝不進任何東西，除非先把水倒掉。又因為是隱性，所以就算水瓶座的內心自滿，外人也不易看到，因為沒有別人的反應作參考，所以水瓶座自己也很難察覺。水瓶座強化語言能力，以道理為中心，所以水瓶座一般都是飽學之士，同時水瓶座外型和脾氣都極好，所以自然會吸引很多的人把它當朋友，這也正是水瓶座王的天賦但和獅子座的不同，幾乎所有人都想把水瓶座當朋友，而水瓶座內在的能量是很平穩的，所以水瓶座對人也都是一視同仁的，看待所有的事物也都是平穩的。也因為水瓶座的內在能量是平穩的，所以水瓶座是最冷靜的，它很少受任何外界的影響，就算受了影響也很快就能平復下來，當然這也包括了愛情。所謂人生不如意事十之八九，一般人很容易產生所謂的心

邏輯解析 占星學

靈傷害，於是形成了記恨、反彈、過度自衛、過度保護等等的不平衡心態，然而水瓶座並不會有這類的情形。我們前面說了天秤座的感覺是動盪起伏的，所以天秤座極力的求其平衡，而水瓶座卻正好相反，它的能量是滿而平穩的，因為滿，所以它不會再多求，它經常感受到內心的滿足感；因為太平穩，那反而缺少了點生命的刺激和樂趣，所以水瓶座會想要有點小起伏，因此它會喜歡一些無傷大雅的小作怪和小叛逆，為的是開個小玩笑。水瓶座可說是佛緣深厚，我們說了，平心靜氣是一切修為的起點，而水瓶座可說是天生的平心靜氣。

ESCORPIO　SCORPIO

**天蠍座**強化的是荷爾蒙分泌且為顯性，能量外顯，所以天蠍座是很有性魅力和性慾望的。我們都知道荷爾蒙是一種性激素，但荷爾蒙也可簡單的

看作是生物的強化藥劑或摧化劑，天蠍座可清楚地
知道體內存在著這強大的能量，所以天蠍座是自信
的、自負的，高高在上不為人下的。荷爾蒙的力量
強大，但也表示著不易受控制，所以天蠍座生氣
時，很容易造成玉石俱焚的結果，因為它也無法控
制這強大的力量。天蠍座強化荷爾蒙分泌，這是天
蠍座的能量來源，但這能量可不是像獅子座一樣穩
定存在著，這能量可是有就有並且很強大，而沒有
就沒有，是很明顯的差異，這使得天蠍座看待人生
的觀點，和其它的星座大不同，天蠍座只看重結果
不看重過程，而且它看到的結果是很兩極化的，好
比說愛和恨，它不會有所謂的中間地帶。又比方說
天蠍座想罵一個人，它不會像其它的星座那樣罵
你，或說道理給你聽，它認為那些都是所謂的中間
地帶、所謂的過程，它覺得那都是脫褲子放屁，當

邏輯解析 占星學

然它也知道其它星座所持的道理，因為它也是以道理為中心，但它更傾向一樣米養百樣人的事實，罵人或許無法說中要點，就算說中要點對方也不一定聽得懂，反正就是多餘的，所以它會直接以它認定的結果來罵人，那就是「你真是無藥可救」、「你直接去死算了」。所謂的兩極化，我們用口語一點的說法就是結果，再加入道理的因素那就是因果，天蠍座對訊息因的觀察和收集特別敏銳，當然這是因為強化荷爾蒙的關係，而果的訊息則是身體的自然反應，好比說你今天打扮得花枝招展，天蠍座能很敏銳的嗅出來，你有那些外在和內在的不同，而它的身體也會依這些訊息反應一個結果給它，當這個結果是符合事實時，別人會說天蠍座好恐怖、好厲害，只看一眼就能知道答案，當然這會是大部分的情形，因為天蠍座並不喜歡逞口舌之能，一定是

有某些程度的把握才會說，並且這正是它的天賦；
當這個結果不符合事實時，別人會說天蠍座好深
沈、好善忌，只看一眼就反應這麼激烈，這些都是
因為天蠍座沒有過程的因果反應，又因為沒有過
程，那也就無跡可尋，所以外人是無法了解天蠍座
的，但這卻不是因為隱藏、神祕的關係。我們說了
天蠍座是高高在上不為人下的，再加以天蠍座強化
因果又兩極化，這使得天蠍座完全的自主，它的所
作所為完全是出自於它的自我意識，絕不被動也絕
不順從，這會讓人覺得它有控制慾、強迫慾，事實
上它是一種兩極化的完全自主，聽你的或聽它的，
當然絕不可能是聽你的，天蠍座的天字可不是浪得
虛名啊。天蠍座若依天賦來看，本應是最強大的，
以道理為中心，強化荷爾蒙分泌，有行動力，有語
言能力，所以被冠上了無與倫比的天字，但水象星

邏輯解析占星學

座的被弱化，使一切都成了未知數。

TAURO TAURUS

　　**金牛座**強化的是荷爾蒙分泌，且為隱性，能量內斂，所以金牛座平常可看作是不具能量的，當身體接收到需要能量的訊息，荷爾蒙才會產生相對應的能量。金牛座行動平緩、內心平和，也正是因為它平常不具能量。金牛座善於儲備能量，不隨便浪費能量，而能控制荷爾蒙的強大力量的，也只有金牛座。金牛座習慣節儉和儲蓄，當需花錢時卻不手軟，也正是因為體內能量運用的啟發。金牛座被冠上金字，被認為很在意金錢、很吝嗇，那其實只是一種眼睛上的認知，不過金錢卻真的是金牛座安全感的所在，因為這是金牛座體內能量的運用，反應在現實的生活上。金牛座是最專一的，因為金牛座的能量內斂，平

常不具能量，一旦有了能量卻也只能專注一件事情，不管體內產生多少種能量，就只專注同一件事情，這可不是一般人努力就作得來的。但若金牛座內心真的同時存在兩件事，則這兩股能量可是會互相衝撞的，這會是金牛座的致命傷，以子之矛攻子之盾。金牛座以道理為中心，道理的習得是相當費時費力的，又金牛座平常是不具能量的，是以金牛座的學習是一步一步，踏實的慢慢學習，所以一般金牛座的起步，會比其它的星座晚很多，所謂大器晚成。金牛座給人的感覺，好像身體和頭腦都很遲鈍，然而它卻能感知一個人內心的最深處，甚至連你自己都無法感知的訊息，因為它擁有最強大的天賦——弱點偵測，然而金牛座卻什麼也不會講出來，因為它看所有人都是這樣的，它認為所有人應該都是這樣的，所

邏輯解析占星學

以也沒什麼好講的，況且別人看起來都比它聰明伶俐多了，它知道的別人也一定早知道了，金牛座自己並不知道，那是因為它的天賦才有的，是與眾不同的，但假如你認真的要它講，因為雙隱性的關係，它其實也不知道有什麼特別、有什麼不一樣，要說什麼、要如何描述，因為所以金牛座在很多很多方面，確實是比其它星座遲鈍的。金牛座是不敢得罪人的，因為別人看起來都比自己厲害十倍、百倍，自己若要去得罪人，那豈不是自討苦吃，並且金牛座內心是不容許存在一粒疙瘩，只要有一粒疙瘩存在，那它身體的能量就會被動為之產生，這會讓金牛座寢食難安，那對金牛座來說，更是實實在在的自討苦吃，金牛座強化的是能量產生的控制，當身體的能量若是被動產生的，那就會讓它陷入焦慮不安，所以就算

你覺得它總是慢條斯理地，你也不可以催促它，相反的，假如一切的一切都是出自它的自主意識，那當然也就沒有上述的限制了。金牛座總是略帶憂鬱的，因為弱點偵測的天賦，讓金牛座對所有的人事物，都看得太過深入、看得太過清楚，也就是所謂的真相，而真相總是很傷人的。古人云以靜制動，我們也都引以為座右銘，但以靜如何能制動呢？古人卻也未真正說明原委，倒也讓人苦思不得其解，而這說得正是金牛座的天賦。金牛座的反擊是最致命的，它累積的能量能瞬間爆發成為火牛，並且它一出手就是你的死穴，可恨的是你可能連自己的死穴在哪都不知道！但它卻一出手就能在你的死穴做致命一擊，你也許會因此而誤會它，不知為了這一擊已策劃多久，但其實它並沒有作任何準備，一切都是因

為弱點偵測惹的禍。

　　從固定宮的關係，我們也可看出一個現象，獅子座和水瓶座是顯性的，而血液循環也是一種顯性；天蠍座和金牛座是隱性的，而荷爾蒙分泌也是一種隱性，不同於本位宮，這正是生物界的另一種生存之道。強就要從本質強，真正的強是要全面經得起生存的考驗。所以獅子座的考驗就是太過顯性，金牛座的考驗就是太過隱性，而水瓶座和天蠍座可說是獨善其身，是最適合生存的。

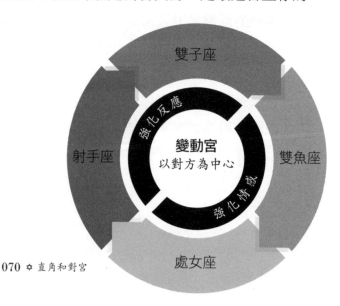

SAGITARIO
SAGITTARIUS ♐

射手座強化的是反應且為顯性，又強化行動力，所以能量就都跑向所謂的運動神經，所以射手座都有健康敏捷的身體，高挑而腿部均勻修長。射手座平常時，能量就都分布在全身的運動神經蓄勢待發，所以射手座若少動了，那可會繃壞了它的神經，就算毫無目的地手動動、腳動動，射手座也會覺得快樂似神仙。射手座是最開朗的，因為動物就是要動，而射手座是最純粹的動。射手座是最直接的，沒有心機，因為射手座的神經反應永遠比大腦動得快，也就是我們所說的反射動作。射手座被比喻為頭腦簡單四肢發達，這倒是真的，但這對射手座來說是很好的，有誰能說四肢發達就不及頭腦複雜呢，明眼人可不一定比瞎子心更明，射手座可說是生物「動」

071

的極緻表現。射手座是頭腦最清醒的，當我們被所謂的是非、善惡、好壞、對錯，搞的腦袋昏昏沉沉的時候，射手座卻不會有這樣的問題，不會善用頭腦的射手座，卻是頭腦最清醒的、最明白的，大自然又在這裡對人類的價值觀開了一個玩笑。射手座最嚮往大自然，因為大自然絕不會欺騙射手座的神經反應，但人類的心機卻讓射手座倍感壓力。射手座強化反應且為顯性，以他人為中心，射手座若把這特性用在語言上，那可真是一種惡夢，你可能一句話還沒說完，它就搶著回應，而且可能根本牛頭不對馬嘴，不過這也能創造很多冷笑話倒是真的，這點也恰恰和處女座相反，射手座行動反應力很好，語言反應力很差；處女座語言反應力很好，行動反應力很差。射手座強化反應且為顯性，以他人為中心，當所有人

都對它拋媚眼，它也會對所有人都有反應，這是真的，但我不知道這算不算見異思遷了。強化反應，這看似是最主動的能力，卻是最被動的能力，因為那是因對方而產生的反射動作，大自然的道理有時真是讓人感到捉摸不定。

**雙子座**是最令人丈二金剛摸不著頭緒的，每個星座都有它的最大特性，且這個特性是別的星座所無法理解的，而雙子座的特性就是一心二用、正反共存。很奇怪是吧，假如你不是雙子座，那你根本無法理解這是什麼特性，雙子座常為世人所誤解，也正是因為這原因，雙子座的博學多聞、聰明機智、鬼靈精怪，也正是因為這原因。我們前面提到了圓球的例子，一般人只能看到球的一面，縱然你知道球還有另一面，但你卻

邏輯解析**占星學**

看不到，所以你也不知道，球的另一面其實是和你完全相反的特性，就好像是兩個不同的世界。但唯有雙子座是看到球的兩面，這是個很嚴重的特性，就像是說它看到鬼一樣的道理，它明明看到了，但說給人聽卻沒人相信，還認為它瘋了。簡單地說就像是南極、北極、赤道的意義。一般人對所謂的善、惡是採取對立的態度，也就是說，假如你選擇善，那表示你對善認同且同時對惡不認同，但你所說的善惡，卻同樣都是雙子座內心的一部分，它不明白，為什麼你認為善惡是分開的、善惡是對立的，同樣地，當雙子座把內心善惡共存的事實，說給你聽，你也無法接受那怎會是真的。從這裡我們也聯想到，所謂的性善、性惡，和所謂的中庸之道。雙子座正反共存的現象，使雙子座擁有了一心二用的能力，也就

是説雙子座對任何一件事，都會同時在心裡產生一正一反兩種思考方式，真的就好像是有兩個對立的人，存在雙子座的身體。好比説，雙子座邀你去吃飯，那麼它的腦袋能同時、即時的思考二個方向，你答應接下來怎樣怎樣，你不答應接下來怎樣怎樣，而一般人的思考方式，是有前後之分的，先思考一種再思考另一種，又假如雙子座誇你聰明時，你必須接受一個複雜的二次元現象，那就是雙子座其實內心是認為你不聰明的，或者它內心正在思考，你同意它的看法或不同意它的看法，接下來的應變方式。雙子座強化的是反應且為隱性，所以雙子座的內心反應是很快的，我們也説了，風象星座的特性本來就是快又多變，那雙子座的快和多變就可想而知了。雙子座的言論是純綷的語言，是想要表達他內心多變

的事實，所以雙子座是最喜歡語言的。雙子座也是最喜新、最喜變的星座了，只要是變那就是新鮮的。雙子座在現實的人生中，會永遠遭遇一個很大的坎，我們說了南極、北極、赤道的比喻，假如生存在南極的人提出了一個問題，雙子座首先會覺得提這問題的人觀念不正確、立場不正確，若雙子座正確地回答了混雜了南極和北極的答案，那麼提這問題的人反而會覺得那簡直就是胡扯，假如我們把這情形套用在考試或問答，那麼大家應該可以想像那是怎樣的後果，不過這個世界卻不會因為雙子座而改變，試想，假如這世界為了雙子座而改變，那其它星座反而因此而無所適從了，這正是所謂現實的世界。

PISCIS PISCES

**雙魚座**強化的是情感，且為顯性，所以雙魚座的人最多情，自古多情

最傷心。雙魚座的愛哭並不是因為它是水象星座，而是因為強化情感，又因為強化肢體語言，所以別人不經意的言語、不經意的舉動，都可能已對它造成很大的情感傷害。又因為雙魚座是以他人為中心，這使得雙魚座的人心有千千結，雙魚座極力的想逃，但卻逃不了，因為以他人為中心，若沒了他人那也就沒了重心。雙魚座有如戴著情感的光環，而這光環是具有致命吸引力的，能吸引所有人的情感，而雙魚座本身卻也最容易墮入情感之中，但事後雙魚座卻會發現，世上根本沒任何一個人能符合它的標準，需要甲的A特性、乙的B特性、丙的C特性，才能勉強符合它的標準，但奇妙的是，只要甲的A特性、或乙的B特性、或丙的C特性，任何一種都能勾引起雙魚座的情感，現實對雙魚座來說永遠是一種打

邏輯解析占星學

擊，所以雙魚座是最愛幻想的，也只有夢裡的情人才是雙魚座真正的情人。雙魚座是最慈悲、最柔性的，因為強化情感又以他人為中心，若傷害了他人也就等於傷害了自己。雙魚座是最迷糊、最優柔寡斷的，因為情感是生物最神祕、最難以捉摸的能量，雙魚座自己都很難釐清自己的情感，更遑論是以他人為中心。情感的定義是什麼？這倒是讓我快抓破頭皮，遲遲下不了筆，我想就算生物學家也很難說得清楚。但每個人卻又或多或少好像知道又不太確定，就好像是一種感同身受，但卻又很難用言語形容，所謂問世間情為何物、直教人生死相許，它確實是那麼的真切、那麼的強烈，那樣的刻骨銘心。本來我也想著濫竽充數就把這段迴避，因為情感的定義確實是一個燙手山芋，但我心裡又想，假如各位讀者

能讀到了這裡，那應該也會想要看看我的定義，我又豈能讓各位掃興呢！當然就算硬著頭皮，本著被看笑話的心態，我也要明知不可而為之了。假如真的要我說，假如非說不可，我會說情感是一種生物的腺體分泌，哪一種腺體分泌，我們就會有哪樣的生理反應、哪樣的感受，所以當一個人和愛人相處時，他們的心會像小鹿一般亂撞，當一個人在悲傷時，我們也能感同身受跟著掉眼淚。情感之所以讓人捉摸不定，是因為腺體分泌可像是雞尾酒般的多種共存，一旦腺體分泌，那麼它就會一直存在直到代謝完成，所以它可以是一層一層的累加，它也可以是愛和恨、痛和苦的並存，當然有時也可能是五味雜陳、肝腸寸斷。

處女座同樣強化的是情感，且為隱性，所以會隱藏自己的情感，那看

邏輯解析占星學

似冷血的處女座，說話帶針帶刺針針刺中要害的處女座，卻是極重情感的，我想這也會跌破很多人的眼鏡吧。處女座因為隱藏自己的情感，所以處女座表現的方式，也需藉助其它的人事物，以間接的方式來襯托出自己的情感。其它的星座會認為，愛就是將愛的能量以愛的形式表現出來，但處女座卻認為，愛是關懷所愛的人的一切生活，甚至是小細節，也就是把愛的能量，間接地，落實在現實的生活起居上，當然這也同時是受到土象星座的特性，踏實、實際的影響，而罵你或糾正你，可算是處女座最在行的哦，當然這些都是因為關心你。又處女座以他人為中心，所以處女座會為所愛的人犧牲奉獻，又犧牲奉獻是何其大的難度啊，但相對的簡單地說出我愛你是輕易的，但處女座反而作不到，這也真是一個奇

蹟啊！不過這是因為處女座認為，我愛你只是三個字，並沒任何實質上的意義，但這卻不是因為物質、現實，可別忘了處女座是反擊風象星座的啊，它對語言可是有免疫能力，但假如你改以行動來表示，哪怕就算是很簡單、很輕微的舉動，只要你真的有心，它可能也會感動的痛哭流涕。處女座對行動力是無招架能力的，也因此，處女座處理事情必須按部就班、事事計劃，你可千萬不要打亂它的計劃，因為那樣會使得它無所適從、無所依據，會讓它如墜入五里迷霧般的失去安全感。處女座是最理性的星座，連情感這種捉摸不定的生物反應，它都能老神在在以現實存在的形式作解讀，那還有它不能解讀的事物嗎？

處女座內心對情感的感知很敏銳，且能坦然面對、理性處理，這就是所謂的成熟。假如你能

邏輯解析 占星學

了解處女座，那它可真算的是好物啊，但處女座卻普遍被認為龜毛，但龜毛在哪裡，也許處女座本身也不知道，而一般人也說不出個所以然，在這裡我也作一個簡單的說明。我們說了，處女座內心對情感的感知是很敏銳的，並且情感比情緒還要令人捉摸不定，一旦處女座的情感如巨蟹座的情緒一樣變化不定時，那情形可就不妙了，你這樣做也不對、那樣做也不對、怎麼低聲下氣的做都不對，你誇它也不對、罵它也不對、怎麼苦口婆心的說都不對，當然這就是我們說的龜毛，但其實真正的關鍵卻不在你怎麼做、怎麼說，真正的關鍵也不在處女座身上，請記住很重要的一點，處女座是以他人為中心，也就是說你自己才是關鍵、你的內心才是關鍵，因為你內心存在著疑惑、矛盾，才使得處女座的內心變化不定，處

女座只希望你能因它而愛、因它而哀，很不可思議的是，處女座的所作所為只為了要你快樂，你快樂它也就快樂，所謂的犧牲奉獻可不是隨口說說，處女座反擊風象星座，應可算是十二星座頭腦最聰明的，但從這點來看卻又像是十二星座最笨的，大自然的道理就是這樣處處讓人感到驚奇。

處女座和雙魚座同樣強化的是情感，以他人為中心，都會有為對方付出情感的傾向，而二者之間的差別，我們也以一個簡單的例子來作以對比說明，假設你需要上刀山下火海，那麼處女座的情人，會願意陪你上刀山下火海，因為這樣才能在你身邊關心你。而雙魚座的情人，會給你一個深情的擁抱、一個銷魂的親吻、幾滴傷心欲絕的眼淚，目送你上刀山下火海。雖然二者的出發點

是一樣的，是愛你為你付出，但能量的表現方式卻是炯然不同的。

　　從變動宮的關係，我們也可看出一個現象，射手座和雙子座是顯性的，但反應卻是一種隱性；雙魚座和處女座是隱性的，但情感卻是一種顯性，這正是生物界的一種生存之道。這和本位宮的道理是類似的，主要是出發點的不同，本位宮以自我為中心，強調的是企圖心、是克服；而變動宮以他人為中心，強調的是判斷力、是應變。所以反應可說是一種很強的隱性能力，情感可說是一種生物的生化武器，這武器比情緒更能命中人類的要害，而處女座的外顯特徵即是成熟、健康。

　　前面我們還談到火象星座強化行動力，那麼行動力的定義又為何呢？由上表我們也可知道行動

力的定義有三個，也就是說，人類表現行動力的力學功學有三種型式，牡羊座的原動力，來自於自我的感覺；射手座的原動力，來自於自身對對方所產生的神經反應；獅子座的原動力，來自於生物的血液循環，也就是充滿能量自然而發。

風象星座的語言也有三個不同的層次，雙子座的語言，是它見聞的傳達；天秤座的語言，是它為達目標的工具；水瓶座的語言，是大自然和人生的道理。雙子座以他人為中心，所以雙子座說話時，最喜歡有人打岔，而且只要有人打岔，那麼它的話題也跟著就轉了。天秤座以自我為中心，所以天秤座說話時，是不喜歡有人打岔的。人類的發聲可簡單的作力學和功學的區分，以力學發聲則如火象星座較宏亮，如風象星座較輕快；以功學發聲則如水象星座較柔美，如土象星

邏輯解析占星學

座較低沈渾厚而富磁性。力學和功學發聲還有另一個明顯的差別，力學往往是由最大轉為最小的過程，而功學則較平穩，是有和無的變化。

由上表我們也得知，獅子座、水瓶座、天蠍座、金牛座，天賦的定位主要是能量，強化能量的產生和能量的控制。而牡羊座、天秤座、巨蟹座、魔羯座，天賦的定位主要是能力，強化把即定的能量作最有效的運用。射手座、雙子座、雙魚座、處女座，天賦的定位同樣也是能力，強化把即定的能量作最有效的運用。

由此我們也得到一個啟示，一個完美的行動力的表現，需要有獅子座、牡羊座和射手座的天賦。一個完美的語言表現，需要有雙子座、天秤座、水瓶座的天賦。而一個完美的情緒的表現，需要有牡羊座、天秤座、巨蟹座、魔羯座的天

賦。一個完美的情感的表現，需要有射手座、雙子座、雙魚座、處女座的天賦。

我們也說明了牡羊座強化感覺，那感覺又是什麼呢？感覺是一種能力。那感覺最能感覺到什麼呢？當然就是情緒了。當我們看到一個人在笑，我們如何知道他真的在笑，這時你就需要有感覺的天賦，才能比較正確的判斷，他是不是真的在笑了。同樣地，當你向一個人表達情感時，你最想要得到的是什麼樣的生物現象，那當然就是反應了。從上表我們也得知，所謂的愛一個人，是要以對方為中心的。

每個星座的每個特性，皆有其邏輯的意義，但語言的描述，卻讓它複雜了甚至模糊了，我們說了牡羊座強化的是感覺，假如你讓牡羊座來述說情感的定義，因為牡羊座沒強化情感，所以它的

邏輯解析 占星學

描述就會是偏頗不全的，但是它的描述，卻又會是所有牡羊座最能接受的，因為它的描述就是牡羊座的內心世界。這點是值得我們特別注意的。

　　我們前面說了，感覺的天賦和牡羊座的關係，是所謂的完美的結合，倘若我們把天賦和特性任意對調了，那會是什麼樣的情形呢？強化情緒而以他人為中心，那就成了所謂的模仿。強化反應而以自我為中心，那就成了別人眼中的一種神經病。強化情感而以道理為中心，那就成了一種自相矛盾，他愛我所以我必須愛他！這當真是叫我為難啊，不知你們是否也有同感。所以這世間的種種現象，都是有它邏輯的意義存在的。

　　看到了這裡我們也應該了解，人類有四象之分，有六大天賦而有十二種原型。而六大天賦的特性，其實是每個人都有的本性，只不過是程

度的差別和顯性、隱性的不同，例如感覺，在牡羊座是最強的顯性，在天秤座是最強的隱性，其它的星座則處於這二者之間，這點是我想特別強調的。當然假如你有興趣，或許你也能從這些關係中引申出更多的訊息，當然這也是我此生所樂意見到的。這也正和佛教四大、六根的理念相吻合，佛教憑藉著苦修和自律，參悟了人類的最高境界，佛教可說是博大精深啊。但佛教可說是實實在在的實踐派，我們從修行兩字就可看出端倪，因此我們若僅把它當成了哲學思想的理論派，那反而無法體會其中的奧祕，試想，假如你不曾坐船，未曾遭遇過大海的大風大浪，那你如何能憑藉著想像而了解暈船的感受，就算你知道暈船的感受，那可和修行還有一段距離，所謂的修行，就是要你就算遭遇了大風大浪也不會暈

邏輯解析 占星學

船。佛教的打坐和誦經就是這個道理，看起來平凡無奇，但只要你懂得佛教的心法實際去實踐，你就會意外的發現它的神奇。佛教講究的是自身的修為，而不在意別人信與不信，自己的因果自己嘗，自己有怎樣的修為自己最明瞭，至於別人信也不會增加自身的修為，別人不信也不會減少自身的修為。

我們前面解說了所謂的四分法，乃是＋＋、＋－、－＋、－－，本位宮、固定宮和變動宮所屬的星座，都各自遵循著這個邏輯。那麼所謂的本位宮、固定宮、變動宮，又是什麼樣的邏輯呢？當然這就是所謂的中庸之道，左中右，上中下，正零負。有所謂的左那就會有右，有所謂的左右那就會有中間，反之，有所謂的中間那就會有左右。或稱之為物質三態，固態、液態、氣

態，又倘若依此三態來看，那麼哪些星座最固執、硬梆梆，可就一目了然了。當然它的順序就是本位宮、固定宮、變動宮，而本位宮的順序是牡羊座、巨蟹座、天秤座、魔羯座，而固定宮的順序是金牛座、獅子座、天蠍座、水瓶座，而變動宮的順序是雙子座、處女座、射手座、雙魚座。假如你真的有用心在看，那麼你應該會發現，它們正好是依據春夏秋冬排列，所以十二星座最固執的就是牡羊座，最善變的就是雙魚座。春季正是萬物重生的季節，這樣你也應該能感受到，生命力是多麼的強硬、堅韌，不畏任何阻礙、艱難，生命力是多麼的固執。說到這裡，我們也以春夏秋冬來為十二星座作一個簡單的側寫，春季是重生期，牡羊座和雙子座有旺盛的生命力，它們認為人生就是要充滿活力，雙隱性的

金牛座它的表現則是鍥而不捨。夏季是成熟期，巨蟹座和獅子座有多采多姿和多才多藝的特質，它們認為人生就是要多采多姿和多才多藝，雙隱性的處女座它的表現則是成熟懂事。秋季是收成期和衰退期，天秤座、天蠍座、射手座有享樂主義和安於現狀的特質，它們認為人生就是要懂得享樂，再不濟也要樂在當下。冬季是休眠期和等待期，水瓶座認為人生就是要平心靜氣，人生除了需要努力還要懂得等待；魔羯座認為人生就是要不動如山，君子報仇三年不晚；雙魚座認為人生就是要心如止水，真愛的到來是需要等待的，雙魚座是最善變的星座，但從外表我們卻很難看得出來，它的表現反而是很穩定的總是小鳥依人，這正是因為它一直追求著心如止水的緣故。

所有星座的邏輯都是相同的，差別在於強化的

不同罷了，若要一一述說，只怕說也說不完，當然還是留待讀者自行細想。讀者若能自行融會貫通，那知識才是屬於自己的。當然這也正是邏輯的意義，只要你運用思考，你就能舉一反三。還有一點很重要的我們必須加以說明，所有星座的天賦和邏輯是不變的，除非我們的太陽系有了改變，但我們前面所舉的例子，只是一些簡單的特性說明，它只是人類目前所處世界的一個趨勢，也就是說這些例子並不是絕對的，也就是說後天的世界是最大的決定因素，好比說這個世界是動亂的、是和平的、是專制的、是民主的等等，那麼各星座特性的表現就可能是有所差異的。當然，假如你懂得如何給金牛座正確的學習資源，那麼金牛座就不再是遲鈍的，就不再是大器晚成的。

邏輯解析 占星學

# 邊宮

　　我們在生活中會經常地聽到所謂的一體兩面，但為什麼會有一體兩面？是什麼造成了一體兩面？我這輩子卻從未曾聽人說過！一體兩面是大自然的道理，因為磁場會造成一體兩面，光學會造成一體兩面，任何一個存在太陽系的物質，都會產生所謂的一體兩面，但一體兩面可不是我們生活上所慣用的二分法，所謂是非、善惡、好壞、對錯，這是大部分人容易誤解的地方。

| 牡羊座 | 金牛座 | 雙子座 | 巨蟹座 |
| 獅子座 | 處女座 | 天秤座 | 天蠍座 |
| 射手座 | 魔羯座 | 水瓶座 | 雙魚座 |

再來我們要說的是邊宮，也就是左右宮，或許我們也可簡單地把它看成是一體兩面。邊宮的意義就好比是：我們把一張紙任意撕成兩半，則這兩半是完全相反但卻又最密合。比方說牡羊座最陽剛，雙魚座最柔性，而且牡羊座的陽剛也只有雙魚座的柔性能中合。換句話說，一個人若太陽星座在牡羊座，又其它對應的星座有雙魚座，那麼他一開始會充滿矛盾，但後來有可能成為剛柔並濟之人。但若是其它的水象星座，則會變成剛時過剛、柔時過柔，或該剛時不剛、該柔時不柔，也就是我們說的跳脫，會讓人覺得不搭、出乎意料之外。又如牡羊座的衝動對比金牛座的穩重。金牛座的專一對比雙子座的分心二用。雙子座的喜新對比巨蟹座的念舊。巨蟹座的隱匿對比獅子座的陽光。獅子座的國王對比處女座的公

主。處女座的理性對比天秤座的感性。天秤座的平衡對比天蠍座的兩極化。天蠍座的自主對比射手座的被動。射手座的直接對比魔羯座的婉轉。魔羯座的自私對比水瓶座的無私。水瓶座的冷靜對比雙魚座的敏感。雙魚座的善變對比牡羊座的固執。而這些例子也只是較淺顯的一小部分，其它還有待大家的發掘。邊宮是一種很微妙的關係，我們都知道什麼叫作分分合合，但為什麼能分又能合呢？為什麼要分又要合呢？這倒有點像是化學的特性。當然邊宮還有其它重要的特性，以牡羊座來說，與火象星座有雙顯性的緊密關係，與風象星座有單顯性的關係，與天秤座、巨蟹座、魔羯座為同態的關係，而唯獨和金牛座、天蠍座、雙魚座、處女座關係最為薄弱，而這些星座正是牡羊座的邊宮和它們的對宮，這正是邊

宮的作用之一取得聯繫，又假使牡羊座沒有金牛座的關聯，那麼牡羊座一輩子都會為衝動所累。其次我們也以簡單的例子來說明另一特性調合，我們假設牡羊座和金牛座為紅色和黃色兩種顏色，有了紅色和黃色相混，那才能識得橙色，假如沒了黃色那就沒了橙色，若如此則當它看到了橙色，也只會把橙色錯誤的歸類為紅色或黃色，這點是很重要的特性，這個特性也適用於其它的調合。十二星座的天賦和基本特性，其實是很獨立的、很簡單的，而人類的複雜和多變倒是因為調合，有些特性容易調合有些則不易調合，當然調合的結果，也會產生不一的相輔相成和相沖相剋，還有就是我們上面說的分分合合，有時你可能只動用左手，有時你可能只動用右手，有時你會動用你的雙手。簡單說這個世界所有的一切，

邏輯解析 占星學

都和分分合合逃不了干係，不管是化學的特性、物理的特性、磁場的特性等等，而太陽系的星體運動，本身就是一種分分合合。由邊宮的關係我們也可知道，牡羊座和金牛座可說是沒有交集的，而唯一有的交集卻也是針鋒相對的，當然我們說的只是星座之間的特性而不是一個人。

以上總總為十二星座的相互關係，占星學定義一個人有十顆星影響著我們，分別為太陽星座、月亮星座、水星星座、金星星座、火星星座、木星星座、土星星座、天王星星座、海王星星座、冥王星星座，當然這十顆星都有它各自代表的意義，而人類的複雜也就在此。但也正是因為，人類不是只有一顆太陽星座的特性，所以人類才能成為萬物之靈。你也應該會發現，假如人類只有一顆太陽星座的特性，那人類豈不是時時在爭

執，時時在互鬥，因為十二星座的特性，是那麼
獨立而且不同，甚至還存在著對立。那人類又怎
能和平相處！又怎能互相合作！所以大自然必定
有一套機制，讓十二星座可和平相處，可互相合
作，而太陽系的平衡原理，也正是這個問題的答
案，這也正是占星學定義十顆星的原理。因此，
也唯有先把十二星座的相互關係融會貫通，才能
開始了解一個人，才能作更深入的探討，這些我
想下一次再好好為各位解說。

　　不過各位也不要因為這點而存在太多揣測，我
為什麼不在這裡一起說，因為我不能在這裡一起
說，假如我在這裡一起說，那等於就是我捉住自
己的頭去撞牆。這其實也都是各位害的，為什麼
我會這樣說？為什麼我要這樣說？在這裡我也作
一個簡單的說明。好比說數字二，它是一加一的

邏輯解析 占星學

結果，但是基於後天的十進位，它也是十進位的基本定義，又因為十進位是大家基本的認知，假如每個人都把二當作是一種定義，而不再是一個結果，那麼各位替我想想，各位為我想想，我若說二是一種結果，那會是一個怎樣的後果。不過你也不要太過自責，因為我並不會怪你，哦，口誤了！是因為它雖然是一種殘酷的事實，但卻也是一種社會的趨勢，試想，假如每樣東西都要去考量它的根本道理，那我們還如何生活。所以就算我有心想說，那可也要各位給我機會說，那就是各位必須先了解十二星座的基本關係。

占星學家也為十二星座各定義一顆守護星，守護星為一種象徵性，象徵該星座的最強特性。牡羊座的守護星為火星，金牛座的守護星為金星，雙子座的守護星為水星，巨蟹座的守護星為月

亮，獅子座的守護星為太陽，處女座的守護星為水星，天秤座的守護星為金星，天蠍座的守護星為冥王星，射手座的守護星為木星，魔羯座的守護星為土星，水瓶座的守護星為天王星，雙魚座的守護星為海王星。這部分我們也不在這裡多加解說了。

說了這麼多，我們也來個十二星座的總比較，緩和一下、平衡一下我們的大腦。當我們和別人互動時，每個星座的天賦是它魅力的所在，因為那是別的星座所不及的地方。但每個星座的天賦也是它致命的所在，因為那是別的星座所無法接受的地方。別人對牡羊座的評語：昨天我說我愛你，你熱情如火，還過了頭，倒像是著了魔。今天我說我愛你，你卻是頭也不回掉頭就走，怎地，把我當什麼？！別人對天秤座的評語：我

邏輯解析 占星學

說你是潘安，你只是風度翩翩地笑，我說你是豬八戒，你也只是風度翩翩地笑，既然對我不在乎，也不須忽冷忽熱、若即若離來糟塌人，偽君子？！別人對巨蟹座的評語：每天翻來覆去，就是你的母親好，你的前女友好，那我算什麼。翻臉就跟翻書一樣快，還自以為了得洋洋得意，什麼都薄就是臉皮最厚？！別人對魔羯座的評語：一副僵屍臉石頭心，生活就像是機器人，人若活得這麼苦這麼現實，不如早死早超生？！別人對獅子座的評語：你的積極我明白，但有必要積極再加九級嗎！你的大志我明白，但有必要去追著太陽跑，才顯得耀眼嗎！跟你在一起只有三個字，累累累？！別人對水瓶座的評語：你外表看起來潛力無限，好像什麼都會做，什麼都能做，但偏偏就是二個不做，這個不做、那個不做，小

時了了，虛有其表？！別人對天蠍座的評語：我完全不了解你，但你是個完美的情人，也是實實在在的撒旦？！別人對金牛座的評語：叫你走一步，你真的就走一步，叫你洗碗，你連碗盤都不收，連烏龜都要比你機靈些。說到錢，你的小眼睛倒比月亮圓，說到性，你倒比公狗還要行？！別人對射手座的評語：我說東西向快速道路，你卻想到吃，我哭著向你說我懷孕了，你卻認為我給你戴綠帽子，說什麼懷孕了應該要高興，我哭了表示做對不起你的事，我我我我我！我真的不知道該怎辦，不說也不是說了更不是？！別人對雙子座的評語：你昨天說我瘦得漂亮，今天說我胖得漂亮，剛剛說我眼睛漂亮，現在說我嘴巴漂亮，怎地，把我當白痴，還是把我當妖怪，我的身體、五官隨時都在變，騙子？！別人對雙魚座

的評語：愛你容易相處難，海不會枯，石頭不會爛？！別人對處女座的評語：全世界的人都沒心肝了，那時才能顯得你的偉大，全世界的人都死光了，那時才能顯得你的了不起，因為別人的存在都是錯的！還什麼打是情、罵是愛，那殺人不就不用償命了，我可真是犯賤？！

# 特異的魔羯座

　　我們特地把魔羯座拿來討論，因為它有特別異於其它星座的特性。十二星座除魔羯座外，每個星座都是具有先天的天賦，大自然讓我們以這種天賦，在大自然上扮演自己的角色。魔羯座則不然，它的天賦是強化在後天的生存。我們以一張色紙來作比喻，其它的星座，皆從誕生起即帶著一種顏色，魔羯座則不帶顏色，他可依據後天的情況，上自己選擇的顏色。又其它的星座的對宮，一般稱為互補宮，但魔羯座反擊水象星座，即是反擊自己的對宮，這兩點是很耐人尋味的，我想魔羯座是最神祕的，最難以捉摸的星座了。

簡單說就是，魔羯座若是生長於井底的蛙，那它就是蛙；若是生長於森林的虎，那它就是虎；若是生長於靈山的龍，那它就是龍。至於魔羯座的最大天賦，被古代占星學家認為是惡魔才有的天賦，這點我就不想多說了，因為這會造成其它星座對魔羯座的誤解。我只能說，大自然講求的是一個平衡，力學平衡、功學平衡、因果平衡。而天賦是不分好壞的，好壞在於出發點和結果。事實上，每個星座的天賦，假如失去了它的平衡，那它的優點也就成了缺點，這正是我們要認清的一點。

# 大自然對女性的眷顧

　　我們前面大致說了，太陽星座代表一個人的主要特性，不過這說的卻是男性，女性長大後會是偏向月亮星座的特性，所謂男女有別，陽男陰女。有一句俗話說女大十八變，也正是因為這個道理。而女性長大後偏向月亮星座，有其重大的生物意義。我們還是以一個簡單例子來加以說明，假設以牡羊座當月為例，那麼當月出生的所有男性皆為牡羊座，但當月出生的女性則會有十二個星座的分配。當生存環境的特殊因素克制了牡羊座，則所有男性皆被克制，但女性卻只十二分之一被克制，這保障了女性生存的機會。

邏輯解析占星學

又在生物的延續上，當月出生的男性因為特性一樣，所以互為競爭對手，這裡包含了一個生物進化的訊息。而當月出生的女性，也因為分配為十二個星座，而不成為互相競爭的對手，這裡包含了一個生物延續的訊息。所以這保障了女性，最大的機會懷有優良的下一代。如此說來，假如我們以生物的觀點來看，那表示女性感受大自然的變化，要比男性為強，她們懂得如何改變自己，來保障族群的延續。若以大自然的觀點來看，那麼大自然是特別眷顧女性的。

　　我們剛剛說了，太陽星座是一個人的主要特性，不過這卻只說對了一半，太陽星座加月亮星座才是一個人的主要特性，而太陽星座是顯性，月亮星座是隱性。所以男性的顯性特性是太陽星座，隱性特性是月亮星座，而女性長大後的顯性

特性是月亮星座，隱性特性是太陽星座。當然我們說的只是大自然的邏輯，只是先天的特性，有些人因受後天的制約，所以它的表現就會是最適合它生存的方式。大自然讓太陽星座加月亮星座成為一個人的主要特性，這樣的用意是什麼呢？這對人類有什麼樣的啟發！我們假設你有上天入地的神通，但你若執著於只是上天和入地，而忽略了天和地之間，其實有更多讓你發揮的空間，那豈不是白白浪費了這種神通，並且辜負了大自然造天和造地的美意。

邏輯解析 占星學

# 占星學與科學

　　占星學與科學，這個主題真是叫我又愛又恨！愛的是我有很多話想說，恨的是我卻又不能說，當然最後的抉擇，是以我自己的觀點並且簡單的說。我確信占星學是真的，因為它是太陽系的力學、功學的原理，如同水加熱會成為蒸氣，冷卻會成為冰。但水是單一特性，單向外顯現象，蒸氣、水、冰，而生物是多重特性錯綜複雜，很可惜的是，我們尚不知道人類真正的價值和能力，而錯誤地把自己當成是一部生物機器，一旦我們自暴自棄，那麼也就真得失去了生為人類的價值和生命的意義。地球有春夏秋冬一年四季，一說

到春夏秋冬，我想每個人都直覺地認為自己知道春夏秋冬，不過那大概只是眼睛的認知罷了，而科學呢，科學認為它們已經解開了原因，是因為地球繞著太陽橢圓形運轉的關係，不過我想說的是，那不也是眼睛的認知而已不是嗎，其實真正的原理和數據還是並沒有得到解答，垂直落體和拋物線落體，它們看起來就完全不一樣，牛頓發現地心引力和解開地心引力，那可是天壤之別啊！不過地心引力只是地球的磁場，而四季卻有太陽系的所有磁場，那難度可是令人無法想像了。

以所謂科學的角度來說，為什麼所有的行星運轉都有自轉？有這現象就必然有其原因，這就是所謂的科學不是嗎。當然我也並不了解科學的那些深奧的學理，相信很多的人也和我一樣。同

邏輯解析 占星學

時我認為，以生活的角度而言，任何學問以可用性、實用性為優先考量。不過像金星不同於其它的行星自轉方向，這在占星學也代表著另一種意義，同樣的天王星不同於其它的行星運轉，在占星學也代表著另一種意義。而地球的自轉現象和公轉現象，在占星學也都有它各自代表的意義。又以科學的角度來說，道理只有一個，真相只有一個，但是我們若把道理，加諸在本位宮或變動宮身上，那肯定是不行的，試想，假如有理真能走遍天下，那麼大自然就不用有本位宮和變動宮的存在了不是嗎！所以科學和生活還是有一些差異的，當然我們並不是說本位宮和變動宮不講道理，而是本位宮有本位宮的道理，變動宮有變動宮的道理，只不過那並不完全是通用的道理。

還有一句很聳動很有力的話這樣說：人不自

私天誅地滅，很顯然這句話也是錯誤的，自私，當然有很多人是但大部分人卻不是，倘若我們簡單的以三態作為比例，那麼它就是三分之一和三分之二的差別，但若要和天誅地滅扯上關係，那當然就是百分之百錯誤的。然而自私到底有沒有錯？！自私是大自然的一種道理，它當然沒有錯，而一般我們所說的錯，其實是那個人的定義錯，方法錯和表現錯。理所當然，假如有人對占星學執不同的論點，那麼它可不一定就是錯的。我們說了，分類只是一種工具，憑藉的是我們自己的認知程度，而大自然的道理也有它不同的形式，在這裡我們所說的，也只是以大自然的邏輯為出發點而論，所以只能算是多種形式之中的一種，而這也正是語言學的多樣性和複雜。

　　一說到人類，我想每個人都會直覺得以為自

己了解人類，不過我想這應該都是基於解剖學的知識吧，但是若以解剖學來説，除了性別的差異外，每個人的生物結構都是一樣的，然而火象星座和土象星座的人，他們的表現卻是完全的不同，這點我們從周遭的人就能很明確的得到印證，這也説明了目前的解剖學雖然是正確的，但對人類的定義卻不完整。若換個方式我們也可這樣説，人類是什麼生物，這是屬於解剖學的領域，而人類扮演的是什麼角色，這卻是大自然的領域。簡單的説，解剖學所關聯的是生物健康不健康，而占星學所關聯的是人類的本性。這也不禁讓我想在這裡提醒各位，倘若你只以解剖學來定義所謂的頭腦，你可能真的需要三思再三思，倘若你的頭腦還認為占星學是錯誤的，你可能真的需要三思再三思。

我想再強調一次，太陽系、地球和生物所有的現象，都不是偶發的，有什麼現象就有什麼原理，而力學和功學原理，正是一切的起源、一切的根本。當然大自然的奧祕並不容易被了解，而我也只是一個普通的人，所以本書所講的也只是一種參考，目的在讓我們在生活上，更加了解自己和別人，了解大自然的真締。

# 占星學與生活

　　占星學其實只是太陽系邏輯應用的一部分，主要說的是一個人的先天特性，當然它的應用可是非常廣泛的，而最大的效益可說是教育。現今的國家教育以語言為主，這對風象星座和水象星座是有利的，不過對火象星座和土象星座是相對不利的。火象星座為風象星座的對宮，本身就有行動力的特長，所以基本上是不屑於語言能力的，這正是火象星座和風象星座的對立性，古時就有所謂的身教和言教之別。而土象星座則對語言是陌生的，也就是土象星座必需先了解語言的功用，才能接受語言的意義，所以常被認為是頭腦

遲鈍。這世界的道理是相通的，只不過是形式的表現不同，也就是說，火象星座以行動力表現所有大自然的現象，也由行動力去理解所有大自然的道理，這和風象星座以語言來面對大自然，本質是一樣的，差別在於傳承，語言容易傳承，但語言也容易誤解。所以，以教育的觀點來說，火象星座以自身的嘗試，和觀察別人的行動，最能啟發自己的天賦，從而了解大自然的道理。若再配合個別的天賦特性，那就更能事半功倍。我們還要再提示一點就是，若父母是火象星座，而小孩是土象星座，那麼父母教育小孩會非常辛苦，而小孩會非常可憐。因為火象星座看到的世界，對世界的解讀，都會是和土象星座相反的應用原理，而相同的只是後天的社會和文化。

現今教育雖有分班制度，但其實並未有所謂的

因材施教，這是一個很大的隱憂。這也造成了社會的分工失去平衡，常聽到很多人抱怨，做事的人總是那幾個，而不做事的卻還來對做事的人找碴，所以管理就成為占星學的第二個效益。

　　第三個效益當屬愛情了，家庭是社會的基本結構，所謂家和萬事興，所謂修身齊家治國平天下。家庭是社會的基本結構，所以若有家庭問題，那也就會產生社會問題。而當男女相戀時，常會有因一時衝動，而造成錯誤的結合。或相戀時自己並無法分辨，雙方是否合適的結合。或兩人真心相愛，但就是無法和諧相處的結合。這些都會造成雙方的遺憾，當然也造成了無謂的社會問題，假如占星學能解決一部分的遺憾，從而解決了社會問題，那也正是美事一件。我們這裡所謂的愛情，其實是一個複合式的概念，即包含了

相處和相愛，太陽星座和月亮星座決定的是相處的和諧，而金星星座和火星星座決定的是相愛的激情。當男性的太陽星座，和女性的月亮星座，如為同一個星座，即達到所謂的異性相吸，但異性相吸代表的只是相處的和諧，實際上，只要兩個人的太陽星座且月亮星座是協調的，即達到相吸的效果，當然不同的組合，相吸的作用也是不同的。古代人們的婚姻，大多以媒妁之言為結合，這就是基於太陽星座和月亮星座的和諧，所謂日久生情就是這個道理，所以就算男女雙方不懂得相愛，也能和諧相處，又因性愛的魔力強大，就算兩人不懂得相愛，也不會影響傳宗接代，而這正是組成一個家庭的基本因素。當然在這裡我們也只是簡單的提一下，因為這問題包含的層次很多，如本位宮、固定宮、變動宮，它們

邏輯解析 占星學

的愛情模式的考量也會是不同的，而有些人會選擇最愛的，有些人則會選擇最好相處的，當然一個人的愛情，也不能單用所謂的邏輯來定義。而若我們了解了十二星座的特性，那麼愛情的問題，其實我們也就可以自己分辨了。

現今為人父母者，總是望子成龍、望女成鳳，再不然也希望子女能一生過得快快樂樂，所以父母總是為了子女，投下所有心血和所有資源，但為人父母者這樣的投入，自己可知道是真的幫助了子女，抑或是反而害了子女呢？！我想從社會新聞上，我們也知道，常會有一些是反面的例子的。那問題究竟出在哪裡呢？每個人都有他與生俱來的天性，這個天性決定了他如何才能過的快樂，快樂是一種生物的回饋。但不決定他過得好與不好，好與不好是後天的價值觀。而所謂的

人生，其實是以後天為主的，畢竟生存才是生物存在的最大意義。我們也說了，大自然賦予你天賦，是讓你以這天賦在生活中扮演你的角色，所以後天的社會、環境如符合你的天賦，那麼你自然是左右逢源，若後天的社會、環境不符合你的天賦，那麼你就必須退而求其次，自己去開創或適應了。正如同我們一開始說的，我們是無法把兩件事融合為一件事的，也就是說先天和後天，也就是說快樂和過得好不好。這一點是所有為人父母者，所應具備的基本認知，因為人生只有一次，沒有回頭的機會，而且生物是一個接受體和反應體，所謂凡走過必留痕跡。不要讓你的小孩輸在起跑點上，這句話是多麼的讓人大澈大悟啊！但如何正確定義所謂的起跑點，才是最該讓人深思的地方，可千萬不要把你的小孩推向萬丈

121

邏輯解析 占星學

深淵的邊緣，讓他從小就如履薄冰，甚至陷入萬劫不復的處境，這樣你的小孩就真的輸在起跑點上了。

目前人類的文明，可說是已經相當的發達，若說人類可建造天堂，那一點也不為過，人類也號稱是萬物之靈，那人類為何還是有這麼多的煩惱和痛苦呢？！我想人類的煩惱和痛苦，大部分是來自所謂的緣木求魚的概念。好比說，人類之所以煩惱和痛苦，不是因為生存在北極或南極，而是生存在北極卻最想要南極的生活，生存在南極卻最想要北極的生活，沒錢卻最想要有錢人的生活，人老了卻最想要年輕人的生活，因為這樣的念頭，一旦占據了一個人的腦袋，那麼這個人將不再思考其它的問題，也看不進任何的東西，我想這應該是主要的原因。這也不禁讓我產

生疑問，從古至今，有多少人類的文化、智慧，教導人類如何求富貴、求發達，難道求富貴、求發達，真的是人類最重要的目的嗎？我個人是覺得，人當然是要努力求知識、求上進，求生存的保障和舒適，但這並不相等於是富貴跟發達。我認為一個美好的地球、一個美好的國家、一個美好的社會、一個美好的家庭，會更有實質上的效益。不過此章節的訊息，都只是我自己的感想罷了，隨意說說而已。

假如你心裡還是有一個疑問，那就是牡羊座能做什麼？我會很肯定地說任何事。人類是目前地球上最進化、最完美的生物，當然什麼事都有能力做，這是生為人類所引以為自豪的。那既然什麼事都能做，那還說一大堆所謂的天賦有什麼作用呢？我們也解說了，人是以後天為主的，而後

邏輯解析占星學

天的最重要因素是學習，而天賦正是決定你學習的效率，和學習的極限。而當我們同樣做一件事時，天賦也決定你，將得到什麼樣的生物回饋，還有你的出發點，和這件事對你造成的因果。每個星座都有人類的所有特性，只不過是程度的差別和顯性隱性的不同，當然每個星座對同一個特性的定義其實是不同的。比如你說甲星座擁有A特性，那永遠是對的。但甲星座對A特性的定義，其實是和其它星座有所差異的。那麼哪個星座對A特性的定義才是對的呢？答案是十二個星座的總和，很意外是吧，但這正是這個世界的多樣性。

# 結論

　　我們一直說到大自然講求的是一個平衡，而人類演化的方向，其實是朝著和大自然的緊密配合，是以人們應該和平共處、相輔相成，而不是惡性競爭。所謂的弱肉強食我並不讚同，我認為那只是所謂後天顯性的假象，試問大鯊魚吃所有比它弱的生物嗎？當然沒有，鯊魚只吃特定的幾種生物。對於所謂的食腐動物，就更沒有所謂的強弱的分別了。但弱肉強食的邏輯當然是真的，有這個現象，當然就有這個道理，當然就是真的，只不過弱肉強食，只是整個演化的一個小環節，並不是演化的最主要因素，更不是大自然

邏輯解析占星學

的本意。所謂的物競天擇、適者生存，它曾被人類視為是多麼地天經地義，但當天空有一隻小鳥飛過，我們卻只要按一個按鍵，電腦就能自動鎖定、自動導航，把小鳥打下來，人類的科技、人類的文明，已遠遠超過所謂的物競天擇、適者生存，我想依人類的進化而論，人類儼然已成為神了啊。但人類是否具有神性、神聖？！假使神沒有了神性，那我們是否還應該説祂是神？！理所當然，假如我們選擇了做人，那我們就應該要好好的保留著人性。人類最大的錯失，在於錯誤的定義和否定的態度，大自然還存在著佷大的知識，等待人類的發掘，但人類在大自然領域這方面，卻還僅止於起步的階段，這是很讓人惋惜的。靈魂的定義是什麼？人類有沒有靈魂？當你能真正了解一個問題的所在，才有機會真正了解

問題的答案，錯誤的定義衍生更多錯誤的問題，否定的態度則讓知識永遠歸於零。人類當然有著靈魂，我還是那句話，太陽系、地球和生物所有的現象，都不是偶發的，有什麼現象就有什麼原理。知識就是力量，而力量則是一把雙面刃，所謂水能載舟亦能覆舟。這本書所探討的是一個大自然的力量，當然它的力量也是非常巨大的。希望了解這力量的讀者，能與我心有戚戚焉，敬畏大自然、愛護大自然，為人類的福祉而努力。

國家圖書館出版品預行編目資料

邏輯解析占星學／黃勝益著. --初版.--嘉義市：
黃勝益，2013.01
　　面：　公分.——
ISBN 978-986-41-9834-4（平裝）
1.占星術
292.22　　　　　　　　　101026473

# 邏輯解析占星學

作　　者　黃勝益
出　　版　黃勝益
　　　　　600嘉義市博愛路一段486號
　　　　　電話：0932-980768
　　　　　電郵：hsyin560722@gmail.com
經銷代理　白象文化事業有限公司
　　　　　402台中市南區美村路二段392號
　　　　　出版、購書專線：（04）2265-2939
　　　　　傳真：（04）2265-1171
印　　刷　基盛印刷工場
初版一刷　2013年1月
初版二刷　2016年5月
定　　價　500元

白象文化　印書小舖 PressStore　出版 · 經銷 · 宣傳 · 設計
www·ElephantWhite·com·tw　自費出版的領導者　購書 白象文化生活館